青苹果丛书
QINGPINGGUO
走进生命的春天

陈一筠青苹果教育
Chen Yiyun Green Apple Education

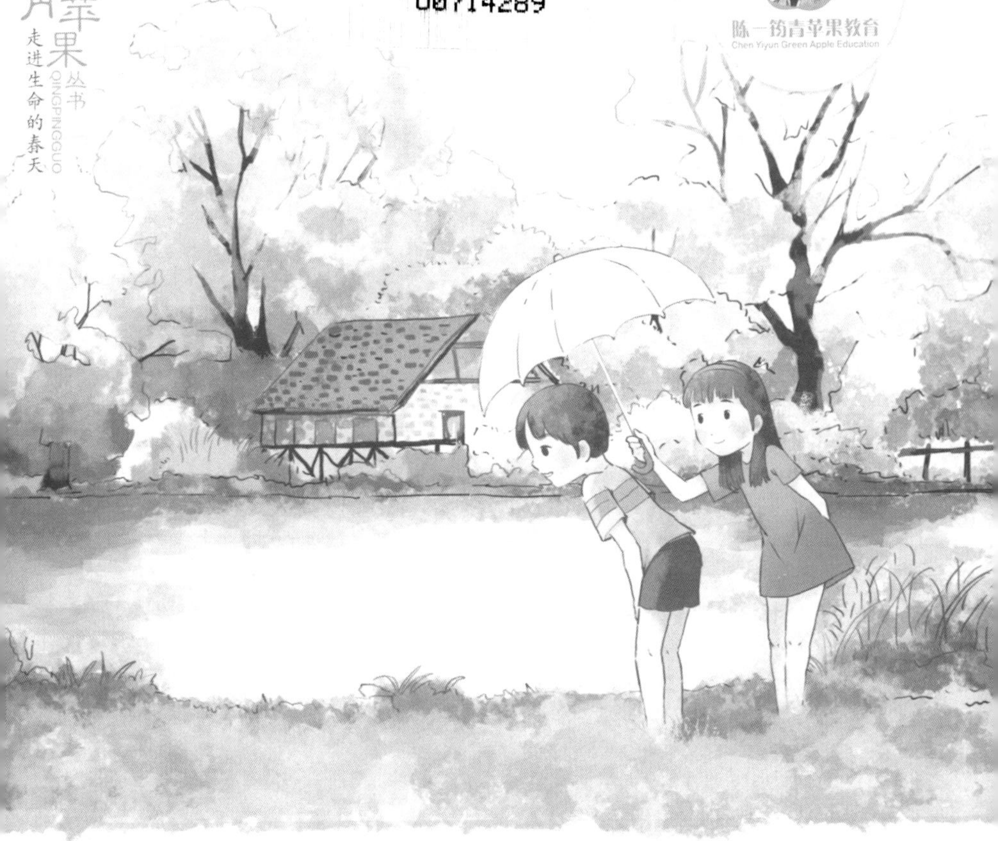

小学生青春健康

男孩女孩长大啦

陈一筠 主编

中山大學出版社
SUN YAT-SEN UNIVERSITY PRESS
·广州·

版权所有　翻印必究

图书在版编目（CIP）数据

男孩女孩长大啦/陈一筠主编．—广州：中山大学出版社，2017.10

（青苹果丛书）

ISBN 978-7-306-06132-4

Ⅰ.①男… Ⅱ.①陈… Ⅲ.①青春期—健康教育 Ⅳ.①G479

中国版本图书馆 CIP 数据核字（2017）第 184700 号

NANHAI NVHAI ZHANGDALA

出 版 人：	徐　劲
策划编辑：	金继伟
责任编辑：	张　蕊
封面设计：	高少波
责任校对：	周　玢　李艳清
责任技编：	何雅涛
出版发行：	中山大学出版社
电　　话：	编辑部（020）84110771，84113349，84111997，84110779 发行部（020）84111998，84111981，84111160
地　　址：	广州市新港西路 135 号
邮　　编：	510275　传　真：（020）84036565
网　　址：	http://www.zsup.com.cn　E-mail：zdcbs@mail.sysu.edu.cn
印 刷 者：	广州市友盛彩印有限公司
规　　格：	880mm×1230mm　1/32　3.25 印张　60 千字
版次印次：	2017 年 10 月第 1 版　2023 年 10 月第 15 次印刷
定　　价：	32.00 元

如发现本书因印装质量影响阅读，请与出版社发行部联系调换

~ 主编的话 ~

亲爱的同学：

　　这个新学年开始，你是否发现自己突然长高了？身体的变化让你感觉有点奇怪和别扭吧？感觉和心情是否和去年的此时有些不一样？你和爸爸妈妈之间还是那么亲密无间吗？你和异性同学接触还是那么不在意吗？你是否因为那莫名其妙的梦境和不由自主的愣神儿而烦恼？脑子里冒出的那一串串问题找到答案了吗？

　　你也许听说过"青春期"三个字吧？其实，以上那些变化和困扰正是"青春期"来临的征兆。虽说每个人到达"青春期"的年龄并不相同，感受也不完全一样，但大约从小学高年级开始，同学们早早晚晚都会经历"青春期"的各种变化，多

男孩女孩长大啦

多少少会有好奇、神秘甚至忧虑伴随着你,这说明你正在长大,正在告别童年的单纯与幼稚。

为了让你从容不迫地步入"青春期",愉快而自信地迎接人生的花季,我们为你送上这本图画书,祝贺你成长进步,祝福你青春健康。书中教给你的青春期知识也许可以帮助你解开脑海中已经出现或将会出现的那些问号,驱散那不该停留在你心中的疑云。

但愿这本书能成为你的良师益友,伴你度过初春的美好季节。

2017 年 6 月

1. 男女有别的青春体貌 …………… 1
2. 生命的孕育和诞生 …………… 10
3. 女孩长大了 …………… 22
4. 男孩在成长 …………… 38
5. 异性同学的友谊 …………… 49
6. 青春期的情与性 …………… 62
7. 自我保护 …………… 74
8. 拒绝烟酒，远离毒品 …………… 82
9. 珍爱生命，预防艾滋病 …………… 89
10. 慎用互联网 …………… 94

1

我们要进入青春期啦!

那我们会变成什么样呢?

什么是青春期？

青春期是人的一生中生理和心理急剧变化的时期，年龄在10～19岁。在此期间，要经历身高、体重的突增和性发育成熟的过程。青春期是人生的转折时期，是从儿童到成人过渡的阶段。一般来说，女孩比男孩的青春期要早开始1～2年。

1. 男女有别的青春体貌

● 青春期是从几岁开始的？

青春期在 11～12 岁开始。有人 10 岁就进入了青春期发育，也有人 15～16 岁才发育，每个人的情况不同，没有标准年龄。女孩一般要比男孩早一些发育。

青春期的主要变化有哪些？

男孩女孩在青春期的变化主要表现在三个方面：

一、身体外形变化显著，身高、体重明显增加，男女外貌形体区别明显。

二、女孩出现月经初潮，男孩出现遗精。

三、心理发生变化，独立意识增强，对异性产生好奇心和神秘感，出现性幻想和性冲动。

是什么决定着男女身体的不同变化呢？

进入青春期之后，女孩和男孩的身体外形大不相同了，为什么呢？原来，是人体内分泌腺分泌的一种叫激素的化学物质在决定着男女身体的发育。

我是不是从一个小男孩变成一个男子汉了？

1. 男女有别的青春体貌

激素,又称荷尔蒙。女孩的身体特征由她体内的雌性激素决定,男孩的身体特征由他体内的雄性激素控制。而男女体内分泌不同的性激素早在生命的孕育之初就决定了。

激素随着血液在体内流动,并被输送到身体的各个部位。人体内除性激素外,还有其他激素,每种激素都有不同的作用,雄性激素促使男孩身体长毛,雌性激素促使女孩乳房发育。身体骨骼也是听从激素的命令而发育的,不过那是另一种激素,叫生长激素。女孩男孩到了青春期,激素就会发出很多指令,使身体迅速发生变化。

男孩女孩长大啦

女孩的青春体貌

个子突然长高，皮肤光滑细腻，还可能出现青春痘呢！乳房隆起，身体丰满，臀部增厚；嗓音变得较尖细。

1. 男女有别的青春体貌

男孩的青春体貌

肩宽臂阔,长出胡须、腋毛和阴毛;长出喉结,声音变粗;脸上易长青春痘。

看来,我真的进入青春期啦!

男孩女孩长大啦

 **小常识**

青春痘

进入青春期，很多少男少女脸上会长出一颗颗红色的小痘痘，还经常有刺痒感，俗称青春痘，不小心抓破时，容易发生感染，形成疤痕，这就是通常所说的痤疮。

1. 男女有别的青春体貌

 **专家建议**

怎样预防痤疮

- 保持面部皮肤的清洁,每天用温水洗脸。
- 少吃肥肉、甜食和辛辣刺激性食物,多吃蔬菜水果。
- 勤洗头、洗澡,可用抗菌皂去除皮肤上的油脂。
- 保持愉快的情绪,保证睡眠充足。

2

生命的孕育和诞生

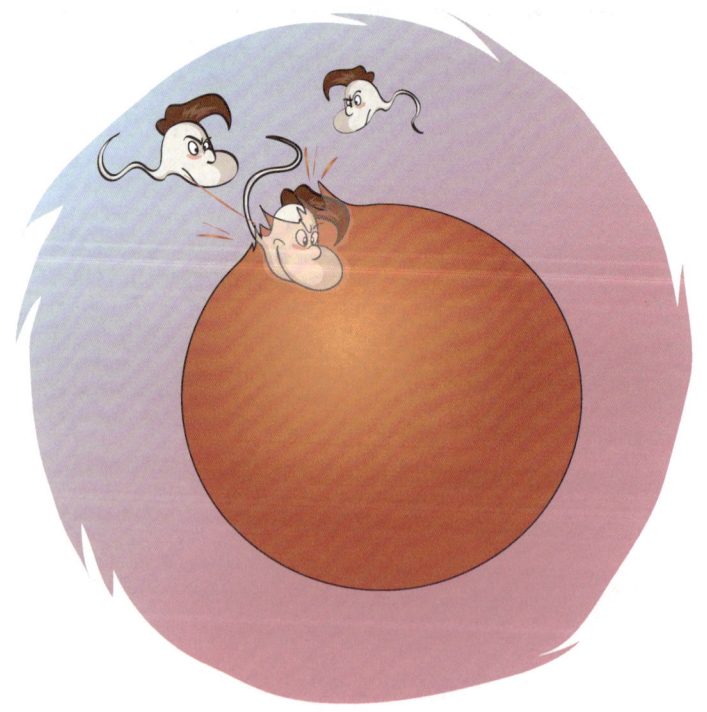

2. 生命的孕育和诞生

我们的生命从哪里来？

爸爸和妈妈共同创造了我们的生命。爸爸妈妈因为相爱而结婚。结婚后，爸爸把无数像小蝌蚪一样的精子送入妈妈体内。精子从阴道经过子宫游向输卵管，其中一个精子与等待中的卵子结合，就形成了生命的雏形——受精卵。小生命要由妈妈孕育和生出来。这是因为爸爸妈妈身体上主管生育的器官不同，它们的分工不同。

妈妈创造生命的器官有哪些?

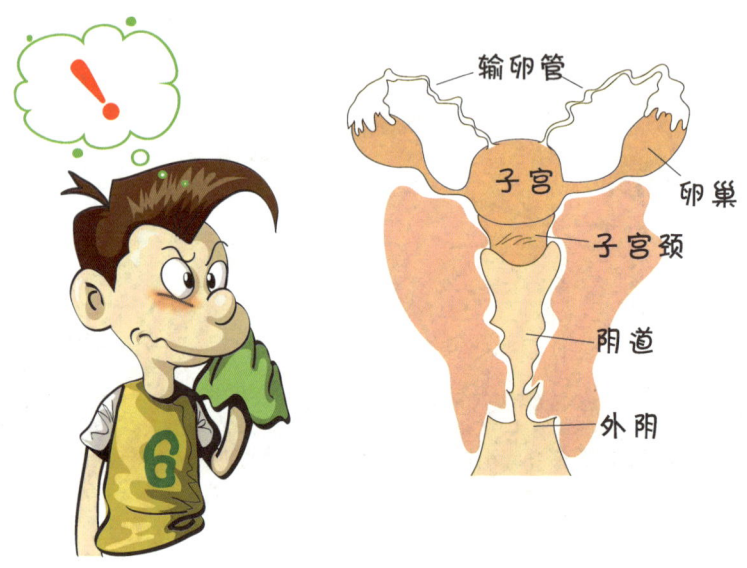

卵　巢：女性最重要的生殖器官,在腹腔内左右各一个。它排出成熟的卵子并释放雌性激素。

输卵管：卵子和精子相遇的地方,它们在这里见面,结合为受精卵。

子　宫：像个倒置的鸭梨,是胎儿出生前10个月生长的"宫殿"。

阴　道：精子进入女性体内的通道,也是胎儿离开母体的通道。

2. 生命的孕育和诞生

爸爸创造生命的器官有哪些？

睾　丸：男性最重要的生殖器官。它制造精子并分泌雄性激素。

附　睾：储存精子的器官，是成对的。

输精管：精子连同精液排出的通道。

精　囊：产生精液以便滋养和输送精子的器官。

阴　茎：排精的器官。

小生命在妈妈子宫里长大

小小受精卵很快进入子宫，并在这个舒适柔软的"宫殿"住下来。受精卵从妈妈的身体里获得丰富的营养，长成胎儿，逐渐长出身体的各个器官。胎儿受到妈妈精心的孕育和保护。爸爸为了胎儿的健康发育，不仅戒了烟，陪妈妈散步，还为妈妈调理饮食，帮助妈妈分担家务，让妈妈心情愉悦。

 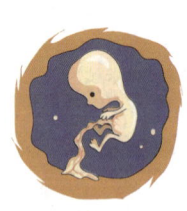 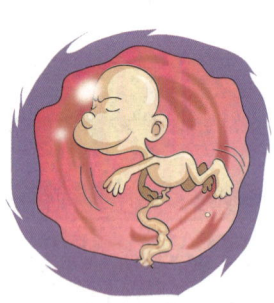

2. 生命的孕育和诞生

胎儿在子宫里是怎么呼吸的？

在子宫里，胎儿就像漂游在一个装满液体的袋子里一样。这种液体被称作"羊水"。由于子宫里面没有空气，在这 10 个月里，胎儿没法用肺呼吸，而是通过脐带接受妈妈呼吸得来的氧气。

胎儿怎么吃东西？

胎儿通过脐带接受生命所需要的一切营养。这就是妈妈在怀孕的时候经常肚子饿的原因。因为妈妈要吃下维持两个人生命所需的食物。

2. 生命的孕育和诞生

胎儿是怎么从妈妈肚子里出来的？

胎儿在子宫里发育大约 10 个月后，小小的"宫殿"已经容纳不下胎儿那长大了的身体。有一天，妈妈突然觉得肚子疼痛难忍，原来是胎儿在子宫中拳打脚踢地闹着要出来。爸爸把妈妈送到医院的产房，在医生和护士的帮助下，把胎儿从"宫殿"里接出来。胎儿的头先钻出子宫，然后整个身体通过阴道挣脱出来。这个过程就叫"分娩"。也有的胎儿是医生动手术把妈妈的肚子切一个口子，从妈妈肚子里取出来的。

男孩女孩长大啦

爸爸的精子有两种，一种带X染色体，另一种带Y染色体；而妈妈的卵子只有一种，都是带X染色体的。正是精子的染色体决定了受精卵的性别。

小贴士

精子有的带X染色体，
有的带Y染色体；
卵子只带X染色体。

2. 生命的孕育和诞生

究竟是哪个精子与卵子结合，完全取决于精子游动到输卵管时的机会，爸爸妈妈都无权选择。你是男孩还是女孩，早在妈妈的子宫里就决定了。无论女孩或男孩，都是爸爸妈妈爱情的结晶，都同样重要和宝贵。精子和卵子结合后就把爸爸妈妈的一些特征遗传给了孩子。

小贴士

带 X 染色体的精子与卵子结合生出来的就是女孩。

带 Y 染色体的精子与卵子结合生出来的就是男孩。

男孩女孩长大啦

什么是遗传？

受精卵携带着来自父母双方的遗传密码。遗传密码储存着父母生命的信息，使胎儿在发育的过程中表现出父母的某些特征，比如眼睛、头发和皮肤的颜色，体形和面部的特征等。

我妈妈这么美丽健康，我长大后，也一定又健康又美丽！

2. 生命的孕育和诞生

爸爸妈妈怎么避孕？

我知道了，爸爸的精子与妈妈的卵子在输卵管相遇就会创造一个生命。可我奇怪的是，妈妈生了我之后，为什么没有再创造另一个生命呢？

专家释疑

爸爸妈妈常用"安全套"或避孕药来避孕。

女孩长大了

"好朋友" 好烦人……

3. 女孩长大了

女孩来月经是怎么回事？

女孩进入青春期后，脑垂体分泌出促性腺激素，使卵巢内的原始卵泡发育成熟，每月排出一个或几个成熟的卵子到输卵管。与此同时，卵巢释放的大量激素，刺激子宫内膜增厚，形成一个内壁松软、肥厚、富含营养的"宫殿"，准备迎接"受精卵"的到来。但是，如果卵子在输卵管里没有遇到精子，当然就不可能有"受精卵"进入子宫。于是，增厚的子宫内膜就自动萎缩脱落，连同其中少量的血液一同排出体外。这就是"月经"。第一次来月经，叫"初潮"。女孩来月经标志着她有了怀孕的能力，在为将来当妈妈做生理准备。

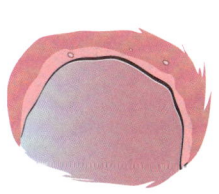
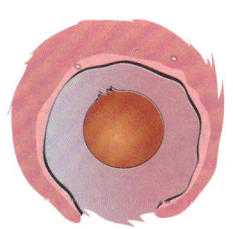
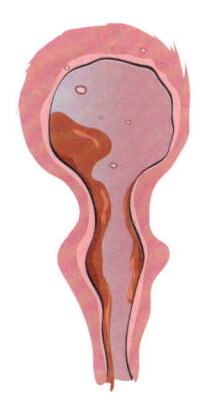

女孩怎么知道自己来月经了？

如果有一天女孩发现自己的内裤底部粘有少量的血，若不是意外受伤出血的话，那就不用担心，这说明是第一次来月经了，也称"初潮"。月经初潮标志着女孩已经长大，成为一个"少女"了。一般来说，女孩来月经前一年，个子会突然长高。

什么是月经周期？

刚刚进入青春期的女孩,卵巢排卵还不规律,所以"初潮"之后不一定每个月都有月经。初潮后半年到一年,排卵形成规律后,就会有相隔28天到32天的周期性出血,所以叫"月经"。

专家建议

如果你在月经那几天感到不舒服或痛经,建议你:

1. 用热水袋敷胀痛处。
2. 多喝热水,用温水淋浴。
3. 勿吃生冷或刺激性的食品。
4. 不要随便服用安定片或止痛片。
5. 如果痛经特别厉害,可到医院就诊,看看有无其他问题。

来月经时会疼痛吗?

在月经之前或之中,女孩会感到腰酸,小腹部有点胀痛。这是因为子宫需要收缩才能把经血挤出去。每个女孩疼痛的程度不一样。月经期间女孩会比平时敏感,也比较情绪化。有些女孩还会头疼、恶心,但不会很严重。如果每次来月经都感到疼痛难忍,就应当让妈妈陪着去请教妇科医生。

女儿,祝贺你!从此你就是大姑娘了!

3. 女孩长大了

 专家释疑

女孩来月经后会虚弱和变笨吗？

来月经是女孩自然成熟和健康的正常生理现象，不是疾病或损伤引起的出血，所以不会影响身体发育，也完全不损害智力。"女孩来月经后变笨"的说法是毫无科学根据的。

> 我还以为女孩来月经以后就会变笨了呢！

> 现在明白了，我们不用再担心了！

月经异常是怎么回事？

女孩初次月经来潮之后，通常要经过半年到一年的时间才能形成规律。但月经形成规律后，有的女孩会出现"异常"情况。例如闭经，即好几个月都不来月经；或者月经紊乱了，即打破了原先28～32天的规律，有时提前，有时又延后；或者血量突然过多，有时又过少。月经形成规律后的少女，发现这些情况就应当请教妇科医生，找出原因，加以调治。紧张、焦虑、营养不良、环境变化或身体疾病，都会引起月经紊乱。意外怀孕也会导致停经，因此，少女停经在1个月以上就应立即去看医生。

3. 女孩长大了

女孩要注意阴部卫生

女孩要注意阴部卫生：勤洗淋浴；每天用清水清洗外阴；一人一盆一巾；单独清洗内裤；在太阳下晒干内裤和毛巾。(注意：女性阴道本身呈弱酸性，具有自洁作用，不需要使用肥皂或清洗液进行冲洗。)

如果少女白带量过多，像米汤或呈豆渣样，颜色发黄或外阴奇痒，甚至白带经常带血，都应及早到医院求诊。

男孩女孩长大啦

月经期要注意什么？

青苹果姐姐

选择适合的卫生巾、卫生纸，每过2~4小时更换一次。

每天用温水冲洗阴部并换内裤；坚持户外散步，呼吸新鲜空气。

不游泳，不用盆浴。

避免剧烈运动和劳动；不要坐在潮湿阴冷的地上；保持充足的睡眠；保证足够的营养，多吃瘦肉和豆类食物；不吃辛辣和生冷食物；控制情绪，切莫大怒大悲。

3. 女孩长大了

少女要自爱自重

少女来月经,表明有成熟的卵子进入输卵管,若遇精子,就可能结合为受精卵,导致怀孕。也就是说,来月经的少女有怀孕、生孩子的可能性。当然,男女结婚以前,是不应当也没有条件生养孩子的。少女若意外怀孕,不得不去做人工流产,那是很伤害身体和心理健康的。要避免这样的事情发生的最佳的办法就是自爱自重。与男孩子交往要把握分寸,不做冒险的行为。

多大年纪才会停止月经呢？

一般情况下，女性50岁左右，卵巢不再排卵，月经也就停止了，这叫作"绝经"。就像青春期的到来有早有晚一样，女性绝经的年龄也因人而异，一般在45～55岁。

3. 女孩长大了

乳房为什么隆起来?

少女的乳房发育是青春期到来的重要信号,也是女孩"第二性征"之一。

有些女孩在乳房发育时会感到其局部胀痛。这种现象只是暂时的,等到乳房逐渐发育完善后,胀痛现象便会消失。

许多女孩在月经来潮前,乳房会胀痛,这是由于体内激素水平的增高引起的。月经来潮后,随着体内激素水平的下降,乳房胀痛就会消失了。

专家建议

不要随便挤弄乳房、抠剔乳头,以免造成破口而发生感染。

经常清洗乳头、乳晕、乳房,以保持其清洁卫生。

要适时选戴乳罩。

如何选配乳罩？

3. 女孩长大了

配戴乳罩的好处

1. 支托乳房，防止下垂。
2. 预防乳房下部血液淤滞而引起乳房疾患。
3. 减轻心脏的局部压力，促进心脏血流循环畅通，有利于乳房发育。
4. 减轻由于体育运动或体力劳动造成的乳房震动。
5. 保护乳头不受擦伤或碰击。
6. 夜晚休息时，最好取下乳罩，以利于血液循环。

用软尺从乳房上缘经乳头量至乳房下缘，曲线尺寸超过 16 厘米的时候就可以开始配戴乳罩了。

处于青春期的女孩要根据体型和乳房发育等情况正确挑选乳罩：

1. 柔软、透气性好、吸湿性强的棉质乳罩。
2. 大小适中的乳罩。
3. 吊带长短合适且不窄于 2～3cm 的乳罩。
4. 不应使用成年妇女常用的带硬托或衬垫的乳罩。

我有点胖，要减肥吗？

现今有些少女热衷于节食减肥，殊不知，长期限制饮食，各种必需的营养物质得不到满足，会阻碍身体的正常发育，甚至会导致某些疾病。

3. 女孩长大了

一、脂肪对保持女孩的曲线美有重要作用：

1. 使皮肤饱满、柔软而富于弹性。

2. 增添皮肤的光泽润滑感。

3. 使身体显得丰满、匀称、曲线优美。

二、脂肪与月经息息相关：

1. 脂肪组织达到体重的17%时，才会出现月经。

2. 达到全身重量的22%时，才能维持规律的月经周期。

3. 盲目节食减肥，会造成体内大量蛋白质和脂肪被耗用，雌激素分泌不足，使月经初潮推迟或月经失调，严重者会发生闭经。

专家提醒

长期过度节食，会导致厌食症；甚至可能因长期严重营养不良、免疫力衰退而患病死亡。

4

男孩在成长

4. 男孩在成长

什么是遗精？

男孩进入青春期，睾丸制造出的许许多多精子，跑到附睾里储存起来，与各种液体混在一起，越积越多，终于盛不下了，就通过输精管流出来，这叫"遗精"，"精满自溢"就是这个道理。初次遗精一般不知不觉地出现在睡梦中，也有的发生在白天劳累之后或排尿时。

男孩女孩长大啦

专家释疑

遗精会使男孩虚弱和记忆力下降吗？

遗精是男孩走向成熟的自然健康的生理现象，不会影响身体发育，更不会影响智力和记忆力，完全不必担心和感到羞耻。那种"一滴精，十滴血"的说法是没有科学根据的，因为精液中90%是水分。

4. 男孩在成长

男孩也要讲究阴部卫生吗？

已开始遗精的男孩更要注意阴部卫生。最好每天用温水冲洗阴部并换内裤，尤其要洗净阴茎头部。清洗时，要往上翻起包皮，以便把残留在包皮与阴茎头之间的污垢洗去。此外，不要穿化纤类紧身内裤，避免由于阴部排汗不畅而造成细菌繁殖，发生炎症。

男孩子也要每天清洗阴部吗？

做男人也不省事呢！

男孩要做包皮手术吗？

你有没有做过这个手术呢？

在上翻包皮清洗阴茎头时，若发现包皮盖过了阴茎头，不容易翻起，就可能是包皮过长，要去找医生咨询一下，看是否需要做环切手术。如果包皮紧紧裹着阴茎头，根本翻不动，或者翻动时会疼痛，就可能是"包茎"，应当立即去医院实施手术。

这个手术危险不？

割包皮是个很小的手术，只需局部麻醉，很快就能做完，没有危险，卧床休息两三天就可以上学去了。

4. 男孩在成长

变声期要注意什么？

因为你在长大，已经进入了变声期！

咦？爸爸，我的声音怎么变成这样啊？

变声期一定要注意保护嗓子，否则会破坏美丽的歌喉：

1. 不要过度用嗓。

2. 不宜唱高音或迎风用嗓。

3. 少吃葱、蒜、辣椒等刺激性食物。

4. 不要喝过烫或过凉的汤、水。

5. 不要喝过甜的饮料。

6. 不饮酒、不吸烟。

7. 远离灰尘和烟熏。

8. 嗓子不舒服时含一些润喉片。

男孩到了青春期，声带会迅速发育，伴有充血和水肿，原来的"童声"开始发生变化。

4. 男孩在成长

什么是"自慰"?

有些人为了缓解性压力,用手或物件刺激自己的外生殖器以得到性满足,这就是自慰。

适度的自慰是没有坏处的,但是过度了就对身体和心理都有害。不能让自慰形成习惯,要拒绝长期自慰、过度自慰。我国著名性学专家吴阶平教授说:"不以好奇去开始,不以发生而烦恼,成了习惯要有克服的决心,克服之后就不用再担心。"

如何避免自慰成瘾呢?

1. 多参加有益的集体活动、公益活动。
2. 要注意清洗阴部。
3. 睡觉时被子不要盖得太重太厚。
4. 远离色情书刊、网页和影视作品。
5. 早睡早起,不要赖床。

4. 男孩在成长

自尊自重，做一个负责任的男子汉

男孩开始遗精，这表明有成熟的精子排出体外。如果精子进入女孩的身体，就可能使女孩怀孕。显然，此时的男孩完全没有能力承担使女孩怀孕的后果。因此，青春期少男应当自尊、自重，培养责任感。注意与女生交往的分寸，以免发生意外。

> 我要做个真正的男子汉!

小测试

你认为要成为男子汉应该从哪些方面做起?（请在后面画 ✓）

- 讲信用 ☐ 负责任 ☐ 吹牛皮 ☐
- 有原则 ☐ 无纪律 ☐ 讲道理 ☐
- 懂礼貌 ☐ 爱打架 ☐ 穿名牌 ☐
- 爱逞强 ☐ 乱花钱 ☐ 勤学习 ☐
- 好攀比 ☐ 讲卫生 ☐ 有爱心 ☐
- 见义勇为 ☐ 欺软怕硬 ☐

5

异性同学的友谊

男孩女孩长大啦

什么是"异性疏远期"?

"异性疏远期"是青春期性心理变化的初级阶段。

少女身体开始发育了,自己觉得有些羞涩和别扭,男生感到神秘和奇怪。男生不知此时应当怎样对待女同学,往往以不恰当的方式流露好奇心和神秘感,女生只好躲避和疏远男生,甚至对男生不恰当的举动报以不友好的态度。

5. 异性同学的友谊

"异性疏远期"的男生、女生有哪些表现?

女生突然觉得班里男生特别讨厌,不愿意与他们说话和玩耍;男生总是对女生指指点点,评头论足,还乱取绰号。有的男女生同桌时在桌上划了一道"三八线",谁也不答理谁。

为什么男生与女生会相互吸引？

"异性相吸"是青春期性心理发展的必然。

当男孩的身体也开始发育了，男孩女孩的幼稚与疏远表现便会减少。前面说过，女孩的青春体貌由雌性激素决定，男孩的青春体貌由雄性激素控制。当青春的体貌特征充分展现出来，两性之间就会因外表差异而更具有相互吸引力：男孩会对女孩感兴趣，女孩也会自然地欣赏男孩，这是"异性相吸"，如同"磁场效应"。

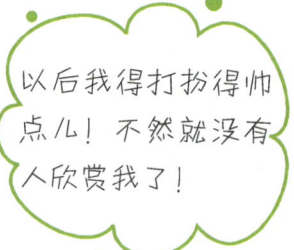

以后我得打扮得帅点儿！不然就没有人欣赏我了！

5. 异性同学的友谊

在异性相吸阶段,男生、女生会更充分地展示自己,珍惜自己的形象,增强自尊感和自信心。在交互的"磁场"滋养中,男孩女孩都会变得更喜悦、健康。

为何喜欢与异性交往？

青春期少男少女对异性的神秘感、好奇心和吸引、向往、眷恋等心理，既不是完全出于个人的意愿，也不受他人支配。少男少女通过正当的交往，可实现青春期性心理的自然表达和健康安全的性心理满足。尤其是独生子女，家庭中没有同胞异性之间的交往，寻求家庭之外的异性交往就是完全正常和必要的。这种交往有许多积极的作用。

异性同学交往有什么益处？

少男少女之间的交往主要有以下益处，大多与"恋爱"无关。

愉悦身心，增进健康： "开心""有趣儿"，释放压力，是处于青春期的少男少女在异性交往中的普遍感受。小学生跳集体舞就有这样的作用。

学习两性相处： 少男少女认识异性，了解自己，学习两性相处和彼此尊重。

心理呵护： 最要好的异性同学在你烦恼时来到你身边，他（她）的异性磁力打开你的心扉，这最容易让你茅塞顿开、释放压力，顿时感到烟消云散、雨过天晴。

取长补短，促进学习： 男女同学在一起切磋学习，相互鼓励，优势互补，激发进取心，效果最好。

少男少女的交往很正常，青春友情很美好。男女同学公开在一起活动，没有任何不体面或危险之处。每个同学都应当积极地、坦然地与异性同学交朋友，彼此尊重，平等相待。制造、听信和传播流言蜚语是不道德、不文明的行为。

5. 异性同学的友谊

进入青春期后，少男少女的生活范围逐渐扩大，并尝试从父母身边走向独立，此时朋友之间的影响就越来越重要。这个时期，男孩女孩十分在意同学、朋友如何看待自己，以及自己在朋友中间占有什么样的位置。在和朋友的相处中，不但能增进相互的了解，而且能得到更多的自我肯定，还可以缓解某些心理压力。这个时期的朋友感情最为单纯、真诚，不带任何功利性。正因为如此，少年时代的朋友容易成为一生的挚友。学会交朋友是一项重要的生活技能。

男女生正常交往、互相关心、互相帮助、取长补短，对今后的生活和人际关系是十分有利的。

男孩女孩长大啦

5. 异性同学的友谊

在异性同学中选择一两个兴趣相投的好朋友没有错，但是不要疏远其他同学。青春友情应当是开放式的，不必专一和占有，以免让自己孤立于集体之外。从众多同龄朋友身上获得滋养，会使自己的兴趣更加广泛、心理更加坦荡、思想更加丰富、行为举止更加安全和健康。

> 从众多同龄朋友身上汲取优点，而不陷入两个人的小圈子，会使自己的兴趣更加广泛，对人生更有帮助。

男孩女孩长大啦

少男少女在交往中,都可能建立起纯真的青春友情。这种友情是美好的、开放的、不排他的、不保密的,无需承诺太多,更无需天长地久的誓言。

5. 异性同学的友谊

为什么不单独约会异性？

个别男同学或女同学，背着父母和老师，偷偷与异性同学或不熟悉的异性约会，有的还逃课，不完成作业，甚至夜不归宿。这种情况不但违反了校纪，而且给自身安全带来隐患。这样的同学应当受到老师、父母的劝阻、警告和适当的监督，以改变不良行为。

男女同学在交往中要注意多参加集体活动，通过坦然、公开的正常交往，建立起纯真的友情。在异性交往中，不要轻易单独约会，也不要陷入过深、过密的关系中。特别要避免因一时的冲动发生越轨行为而让你遗憾终生。少男少女在交往中必须保持头脑冷静，增强对自己和他人的责任感，珍惜友情的纯洁。

6

青春期的情与性

6. 青春期的情与性

什么是"性萌动"?

进入青春期的女孩男孩,因体内性激素的增多,不仅身体迅速发育,心理上也会发生微妙变化。这时,周围环境或媒体中与异性有关的内容,很容易刺激青春敏感的神经,使你产生欲望和冲动。你可能开始注意异性,在乎异性的目光和表情,无意中与异性的触碰会使你怦然心动。这就是青春期的"性萌动"现象。

"性萌动"可耻吗?

"性萌动"是青少年发育成长的正常现象,它悄然出现又悄然消失,证明着你在健康地发育与成长。

"性萌动"有哪些表现？

男孩女孩都开始注意自己的体形、外貌、发式、服装和其他外在美。镜子往往成了青春少女的"好朋友"。她们还好像突然有了什么秘密，怕别人知道；把心事写在日记中，放进抽屉锁起来。男孩可能格外关注自己的身材是否高大魁梧，胡须、喉结是否正常；性梦、性幻想常伴随男孩，以致引起冲动而在夜间遗精。

什么是"性幻想"?

已开始"性萌动"的少男少女总爱幻想一些与性有关的事情。有时把自己想象成某个浪漫爱情故事里的人物,编织一段美丽的情境,以这种假想来满足对性的本能渴望。这是一种心理上的自我安慰,有助于缓解性冲动,释放欲望带来的压力,保持发育过程中的身心平衡。

"性幻想"有害吗？

"性幻想"作为一种自我安慰方式，具有安全性和隐私性，不伤自己，无碍他人，与道德无关，有什么可担忧的呢？但也不可过分沉迷于性幻想，那样就可能耽误学业，甚至使你误入歧途或发生性心理异常。

6. 青春期的情与性

什么是"勃起"?

男性的阴茎充血,变得硬硬的,叫作"勃起"。

"勃起"是不是下流的?

自然勃起是男孩性发育成熟和精力旺盛的标志,应泰然处之。其实,一般人并不会去注意别人的阴部,所以,当你有自然勃起现象时,不必那么难为情。

为何会出现"勃起"?

阴茎在受到摩擦时,或者受到"性幻想"的刺激以及其他因素的刺激而产生性欲望时,就可能出现阴茎"勃起"现象。青春期男孩一般在晚上和早晨容易自然勃起。

6. 青春期的情与性

什么是"性冲动"?

正处在青春期的少男少女很容易受到感官刺激。在与异性近距离相处时,禁不住想拥抱或亲吻对方,从心理到身体都处于冲动状态,这是不由自主的性本能,不必自责。

她今天特别好看,我好想拥抱她啊!

如何控制"性冲动"？

1. 要学习必要的性知识，对性有科学的了解，以健康、正常的心态去理解和缓释青春期的性冲动。

2. 树立远大志向，把精力集中在学习上，减少对性的专注。

3. 未成年人之间出于本能的性冲动而发生性关系是不安全的，双方都难以承受产生的结果。当男孩女孩相处中出现性冲动时，最好立即改换环境，转移注意力，以免发生自己难以控制的事。

4. 不看色情小说、杂志、电视和电影，避免接受性刺激的机会和情景。

5. 多参加群体娱乐活动，坦然地与异性交往，正确了解异性，减少神秘感与好奇心。

6. 青春期的情与性

什么是"性梦"?

"性梦"是指具有性内容的梦境在睡眠中出现,是一种无意识(又称"潜意识")的活动。男孩女孩在发育成熟后有了性的欲望和冲动,而又无合适的途径满足性欲望,只能把它压抑下去。有意识的性压抑却在潜意识中"冒"出来,于是性的欲望便在梦境中得到某种程度的满足。

噢,原来每个人都会做"性梦"呢!

做"性梦"下流吗?

"性梦"是正常的身心反应,不是现实生活中的行为,不必有心理负担。因"性梦"产生羞耻感、罪恶感或迷信念头是不正确的。

男孩女孩长大啦

如何对待"性梦"?

"性梦"的出现尽管不受意识支配,但它可起到排解性欲的作用,也是一种自慰方式,对他人没有任何妨害。但是,对性梦处理不当也可能带来负面影响。有过"性梦"的不必羞愧不安,更不必"寻梦"不得而自哀自怜。"性梦"也是自己的隐私,不必向他人透露,以免伤害自尊心或累及"梦中人"。

把精力投入到学习中来,莫沉缅于性梦……

6. 青春期的情与性

专家释疑

人的本能

性欲的确是人的一种本能欲望，但这种欲望的满足与食欲、睡欲、排解大小便等本能有所不同。后者是需要及时去满足的，否则便会生病甚至死亡。而性欲的满足则是可以推迟、延缓、转移甚至消解的。性欲的产生是自然的，但解决性欲的方法却有安全的和危险的、健康的和不健康的、道德的和不道德的、合法的与非法的之分。我们需遵循科学的指南，明白青春期的成长任务，而做出明智的选择。

7. 自我保护

什么是"性骚扰"?

"性骚扰"是性侵害的一种,指一方向另一方做出不受欢迎的与性有关的冒犯行为,或者是带有性含义的接触。换句话说,若某一方用各种方法去接近或尝试接近另一方,而另一方没有兴趣、不喜欢、不愿意,或者不想要这些带有性含义的接近,便可以说是性骚扰。2005年,"性骚扰"已被写进了《中华人民共和国妇女权益保障法》,其中,第四十条规定,"禁止对妇女实施性骚扰,受害妇女有权向单位和有关机构投诉"。

遭受性骚扰的未成年人可能在相当长的时间里,不同程度地表现出一系列心理症状,比如恐惧、焦虑、抑郁、害怕接触异性,甚至会出现自杀或企图自杀等倾向。而且这种伤害会随着年龄的增长而不断加深。如果没有心理援助和其他方面的帮助,受侵害者往往难以获得身心康复、重归正常的生活。

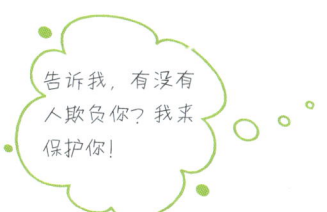

告诉我,有没有人欺负你?我来保护你!

"性骚扰"有哪些情况？

身体的接触，言语的刺激，非言语性的挑逗，其他的性暗示或性要挟。

什么是"性侵害"？

"性侵害"是指一切用欺哄、武力、讨好、教唆或物质诱惑及其他方式把未成年人或未设防者引向性接触，以求满足侵犯者性欲的行为。

7. 自我保护

男孩也会遭遇"性侵害"吗？

最容易受性侵害的是青少年，其中以少女居多，但男孩也不能完全幸免。对男孩实施性侵害的既可能是成年女性，也可能是成年男性。

哪些地方容易发生"性侵害"？

僻静的场所，比如放学后学校的办公室、教室。
人口流动较少的地方，比如深夜里人少的地方。
人口流动较频繁的场所，如宾馆、餐厅、商场等。
非常拥挤的公交车、地铁。
带有诱惑气氛的娱乐场所，如迪斯科、舞厅、网吧等。

我们女孩子要更加小心哦！

我们不可以去迪斯科舞厅的！

男孩女孩长大啦

怎样预防性侵害？

首先，要保持警惕

实施性侵害的既可能是陌生的坏人，也可能是身边熟悉的人。所以，要时刻注意与你单独接触的人，尤其是异性，观察其是否有不正常的言行举止。不要随便单独接受他人的邀请去你不熟悉的地方，严厉拒绝对方动手动脚的行为，严斥对方的下流言语。

其次，不贪小便宜

出门在外，不要随便搭陌生人的车，不要随便接受陌生人的礼物；晚上不要单独乘出租车；若必须独自出去办事，一定要告诉父母到哪里去，何时回来，征求父母同意，最好有成人陪同。

7. 自我保护

再次，言行举止要得体

不穿过于裸露和奇异的服装，不去营业性的网吧和歌舞厅；未经父母许可，不要在同学、朋友家过夜；不与任何人开不雅的玩笑，更不要说脏话；不访问色情网站，不接触任何淫秽出版物。

最后，要保守必要的秘密

不要随便把自己家的电话、地址、父母的工作单位或电话等属于个人或家庭秘密的信息告诉陌生人，以免招惹麻烦。

遇到性侵害怎么办？

若遇到性侵犯，要机智行事。例如，大声呵斥侵犯者，或者向周围的人求助；寻机报警，捉拿坏人；在无人可求的情况下，要机智地与对方周旋，以达到脱身的目的。

要及时告诉父母或可信赖的老师；情况严重的要报告当地公安部门。要知道，你有权维护自己的尊严，保护自己的健康，默默容忍就是对坏人的放纵。

不要给自己背上沉重的心理包袱，要善于向自己信任的人倾诉，善于向别人求助。相信侵犯者是心虚的，正义在你这边。在正义的力量面前，丑恶的侵犯者会退缩的！

对待性侵害有哪些技巧？

语言：简单直接，比如："不好！""不行！""走开！""停止！"。

声调：要大声坚决，不要犹犹豫豫。

动作：抬头直视，摇头拒绝。

神情：厌恶、愤怒。

行动：转身离去，或者利用人群的力量吓退对方。

学到这些招数我们就不怕了。

不过，我们还是小心为好。

8

拒绝烟酒,远离毒品

8. 拒绝烟酒，远离毒品

烟酒中含有哪些有害物质？

香烟中的尼古丁是纯粹的毒素，它和酒中的乙醇（酒精）都具有兴奋和麻醉神经的作用，并且能使人上瘾，导致人体免疫能力降低而染病。

为什么有些青少年喜好抽烟喝酒？

男孩女孩进入青春期，面临成长的困惑与烦恼。看到媒体上和现实生活中确实有些成年人用烟解困、用酒浇愁，还有人鼓吹烟酒可以添"酷"，男人吸烟有"风度"等，有些青少年就去尝试和模仿。

吸烟对青少年有何害处？

烟对人体健康十分有害，有些"瘾君子"就是从抽烟喝酒开始走上迷途的。长年大量吸烟可导致肺癌及其他呼吸道疾病。3/4 以上的烟民是在青少年时期学会吸烟的。少年最难拒绝第一支烟的诱惑，而一旦上瘾，便很难戒掉。

一个没有自律的人很容易在各种诱惑面前"失守"。

酒的危害是什么？

酒精是"迷魂"毒素，它能降低人的识别力与判断力。酒精和酒中的其他有害物质还会导致人的大脑和肝、胃、心、肺功能损坏，造成急性或慢性死亡。

8. 拒绝烟酒，远离毒品

如何拒绝第一支烟

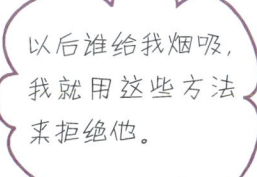

以后谁给我烟吸，我就用这些方法来拒绝他。

微笑着说："不，谢谢！"

找借口拒绝吸烟，例如，"我最近有点咳嗽，不能吸烟"。

礼貌谢绝，坚决不伸手接别人送的烟。

在别人递烟的时候，立即找借口暂时走开。

对方递烟的时候，及时改变话题。

冷静拒绝，让别人知道你是坚定的不吸烟者。

与不吸烟者在一起，为自己创造不吸烟的环境。

避开吸烟的人群及场合。

什么是毒品？

毒品有很多种类，比较常见的有鸦片、海洛因、吗啡、大麻、可卡因、冰毒等，具有麻醉或兴奋、导致幻觉等作用。毒品能使人很快上瘾，造成身体和心理上的严重依赖，使人完全丧失自控能力。而且，一旦上瘾，就要不断加大用量，极度摧残健康、威胁生命。

"摇头丸"是毒品吗？

"摇头丸"是近年才出现的新型毒品，又称"亚当""雅皮士"等。摇头丸由几十种化学物质混合而成，用几次就会上瘾。它有强烈的兴奋和迷幻作用，服用后表现出亢奋、嗜舞、偏执、妄想、幻觉等状态。过量服用摇头丸会发生急性中毒，轻则头晕、恶心、精神恍惚，重则虚脱、昏迷、脑出血直至死亡。

毒品真的很可怕！

8. 拒绝烟酒，远离毒品

毒贩子用哪些花招诱惑青少年？

● 谎称"这玩意儿用了很舒服，让你永远开心无烦恼"。其实是一日吸毒，永远迷毒。

● 利用青少年手头钱少、贪图便宜的特点，免费让你尝试，诱使你上瘾后，你就会高价去买。

● 打着"治病"的幌子，作为"偏方"推荐给你，实则让你上瘾，最终将失去免疫力，导致大病缠身。

● 利用少女爱美之心，谎称"摇头丸可减肥"。然而一旦上瘾，食欲减退，面容憔悴，骨瘦如柴，生命之火熄灭，还谈什么"美"？

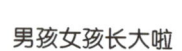

青少年怎样远离毒品？

青少年不要讲哥儿们义气，拒绝烟、酒等不良嗜好。

以生命之重去识别与抵抗诱惑，绝不以身试毒。不要过分相信自己的意志力对毒瘾有控制作用，一旦吸毒，意志力将立即被摧毁。

有了不良心情，要及时设法舒缓与化解，必要时找心理医生。万万不可利用毒品来治心病，因为那就等于走上了绝路。

少男少女不要去酒吧、网吧、舞厅、按摩房、地下影院、电动玩具店等场所，那是毒贩们经常出入的地方。

不接受陌生人送你的饮料、食品、香烟、酒类等，以防占小便宜吃大亏。

不随便使用镇静药和兴奋剂。生病时，要严格遵照医生的嘱咐用药。

珍爱生命，预防艾滋病

什么是艾滋病?

艾滋病是"获得性免疫缺陷综合征",其英文全称是 Acquired Immune Deficiency Syndrome,字头缩写为 AIDS。艾滋病是由一种叫 HIV 的病毒即免疫缺陷病毒引起的。艾滋病病毒可以存活在人的各种体液中,它攻击人的免疫系统,直至完全摧毁人体的免疫能力,进而导致发热、腹泻、结核、异常感染及恶性肿瘤等病症,最终造成患者死亡。

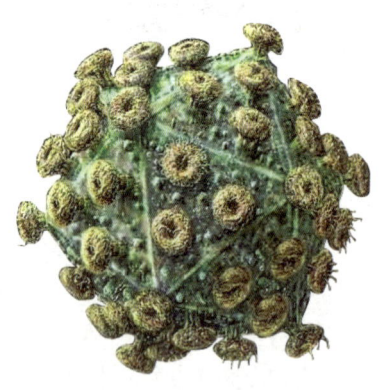

艾滋病病毒立体模式图

9.珍爱生命,预防艾滋病

艾滋病病毒是怎样传播的?

艾滋病病毒的主要传播途径有3种:

性接触传染 根据统计,世界上的艾滋病病毒携带者有80%以上是通过不安全的性交行为感染的。

血液传染 即输入被艾滋病病毒污染的血液,或与艾滋病病毒携带者共用注射器和其他接触血液的器具,如手术、拔牙、剃须等所用器具。吸毒者共用注射器的传染概率很高。

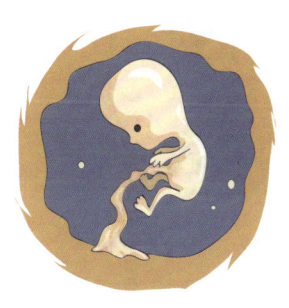

母婴传染 感染了艾滋病病毒的妇女在其怀孕和生育过程中,可直接把病毒传染给胎儿。

哪些接触不会传染艾滋病？

健康人与艾滋病病毒携带者或患者的一般接触是不会感染艾滋病的。例如：

握手，拥抱，一起吃饭，共用学习、生活及工作用品。

共用坐便器、浴盆、毛巾、床榻、游泳池等。

蚊虫叮咬、苍蝇飞过。

因此，不必谈"艾"色变，不要听信不科学的传言。对于艾滋病既要保持警惕，又要消除恐惧心理。

9.珍爱生命，预防艾滋病

如何对待艾滋病患者？

艾滋病患者是不幸的，他们并非有意染病。但周围人的歧视和社会的偏见会使他们心理负担沉重，处境更加困难，从而加重病情。并且，由于害怕受到歧视和排斥，有的艾滋病患者不愿去做检查，或者查出后隐瞒病情，不敢公开去接受治疗，这对于他们自己和别人都是危险的。

艾滋病病毒携带者或患者若能得到良好的治疗和家人、朋友、社会的关爱，同样可以享受生活。有的长期不发病，可以继续工作，享受公民的一切合法权利。

我国法律已经规定，歧视艾滋病病毒携带者或患者是违法的。全社会都在倡导对艾滋病患者贡献一份爱心、给予一份尊重，理解和帮助他们，使他们能够正常地生活、学习和工作。这不仅体现了尊重人权、发扬人道主义的社会文明道德风尚，也有利于预防和控制艾滋病的传播。因此可以说，关爱艾滋病患者，也就是关爱自己。

10. 慎用互联网

互联网很时尚

当今世界已进入信息时代，电信互联网四通八达，给每个人提供了人际交流和信息沟通的便捷的途径。青少年学会使用互联网，已成为一种现实的课外学习与娱乐需求，并且成为对未来生活与事业的必要准备之一。

网络以其声音、文字、图像、互动性相结合等特点给我们带来了强烈的刺激、全新的感受，又因其信息的超地域性、全方位性、快速实效性而较好地满足着青少年的好奇心、求知欲，所以赢得了青少年的普遍好感。网络开阔了眼界、丰富了生活。但正如太阳下也有阴影一样，网络也是一把双刃剑，可能带来一定的负面影响，使用不当会严重影响青少年的健康成长。

男孩女孩长大啦

网络会损害心理健康吗？

干扰思维

影响学业

滋生是非

心理受损

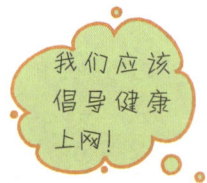
我们应该倡导健康上网！

"网络黄潮""色情文化"对青少年的身心健康有极大的摧残作用，部分青少年深受其害，个别人在不良网络引诱下甚至会走上违法犯罪的道路。

网络交流的虚拟性、随意性和隐匿性削弱了青少年朋友的人际交往能力，随之而来的是责任感弱化、人际交往的隔阂。

网络文化的商业化、性感化，网络信息的易逝性，对情感、思维方式会造成消极的影响，妨碍青少年的健康成长。

长期沉溺于网络中，极易形成一种新的心理疾病——网络成瘾征。

10. 慎用互联网

怎样预防网络的不良影响呢？

树立人生理想和追求，明确生活、学业目标，增强意志力。

提高自律能力，控制上网时间，不去营业性网吧。

经常和爸爸妈妈沟通，让他们了解你在网上学到了什么。

专家支招

预防网络成瘾征的三个办法

- 上网之前先定目标，不要在网上闲逛。
- 上网之前先定时间，到点就毫不犹豫地停止。
- 不要把上网作为逃避现实困难或宣泄消极情绪的工具。